VITIANA PAOLA MONTANA

START UP VINCENTE

Tutti i Metodi, le Strategie e le Novità di Start Up Innovative chc Hanno Sfidato e Vinto la Crisi

Titolo

"START UP VINCENTE"

Autore

Vitiana Paola Montana

Editore

Bruno Editore

Sito internet

http://www.brunoeditore.it

Sommario

Introduzione pag. 5

Capitolo 1: Il mercato del lavoro e la situazione attuale pag. 8

Capitolo 2: Red Carpet ©: un franchising alla portata dei giovani pag. 29

Capitolo 3: Nartist ®: storia di eccellenza italiana pag. 48

Capitolo 4: Multiverso ©: non solo coworking pag. 66

Capitolo 5: Web Revolution© ©-innovazione per il web pag. 85

Conclusioni pag. 104

Introduzione

«*Se costruisci un muro intorno alla tua proprietà, ti può venire a costare più di quanto la proprietà ti possa rendere*».

Democrito

In tempi certamente non facili per il mercato del lavoro come quelli che stiamo vivendo, ho voluto osservare da vicino alcune realtà imprenditoriali, ben avviate e in attivo, per fotografarne la struttura e studiarne il percorso attraverso la testimonianza dei loro fondatori. Sappiamo che non è semplice creare da zero un'attività, sostenerne i costi di avvio e pianificare le tappe da percorrere per arrivare al pareggio del capitale investito riuscendo ad ottenere dei risultati apprezzabili. Questo corso vuole riportare fedelmente, attraverso interviste dirette con i titolari, il percorso che ciascun piccolo imprenditore ha intrapreso per concretizzare il proprio obiettivo e creare la sua Start Up.

Ritengo sia di indubbio interesse studiare i metodi, le strategie e le innovazioni di questi lavoratori; il motivo principale è quello di attingere alla loro esperienza per farne tesoro e, perché no, metterla in pratica a nostra volta.

Spesso leggendo le storie di chi è riuscito nel proprio intento ed ha raggiunto risultati concreti nel proprio settore lavorativo, ci sprona a riconsiderare, come fattibile, un nostro sogno nel cassetto. Riuscire a creare la propria azienda, vederla nascere, crescere e produrre valore aggiunto anche per altri è, credo, una forte emozione che da sola giustifica gli sforzi e l'impegno profusi. Nel primo capitolo troverete un esame della situazione generale del mercato del lavoro in Italia e, nei capitoli successivi, saranno esaminate due giovani aziende che operano nella città di Firenze, ma anche una Start-up nata a Bari e premiata dal Ministero dell'Interno per l'innovazione e la creatività che si sta già espandendo all'estero, ed una Web Agency che opera prevalentemente in Rete. Esempi di micro-franchising nei vari settori saranno descritti e analizzati per la loro originalità. Su questo argomento ci soffermeremo in modo particolare per spiegare come stiano nascendo realtà nuove per il franchising che potremmo definire low cost.

Tutto questo nell'ottica di esporre un ventaglio di opportunità che possono dare spunti, suggerimenti e incoraggiare chi sta pensando di aprire un'attività sul fatto che, con tutte le precauzioni del caso, è possibile diventare imprenditori di se stessi nonostante il regime fiscale del nostro Paese sia penalizzante. L'intento è quello di testimoniare la reale possibilità di riuscita, per una nuova impresa, di oltrepassare lo stato critico dello sviluppo e il ristagno dell'economia. Impegno, creatività, costanza e innovazione possono fare la differenza purché si mantenga quell'apertura mentale e quella fantasia tanto utili alla crescita. Proviamo a superare il muro che Democrito cita come uno spauracchio, per permettere alla nostra idea imprenditoriale di nascere e di trasformarsi in ricchezza e valore per tutti.

Buona Lettura!

Vitiana Paola Montana

CAPITOLO 1:
Il mercato del lavoro e la situazione attuale

«*Essere buoni capitani d'azienda comporta essere persone competitive e vincenti; il buonismo agli altri*».

Enzo Ferrari

Il panorama macroeconomico

Quando si parla di economia, l'approccio ai "numeri", alle statistiche e ai dati dei cicli economici più in generale, risulta ostico e noioso. In apertura di questo capitolo, cercherò di riassumere, nel modo più semplice possibile, i dati ISTAT che spiegano la condizione Italiana e Internazionale dal punto di vista economico per poter dare una panoramica informativa. Invito i lettori a pazientare: dal capitolo successivo entreremo nel vivo dell'argomento Start Up, ma queste informazioni macroeconomiche iniziali possono essere utili per chiarire la situazione attuale. Facciamo, adesso, un passo indietro.

Il 2012 ha visto concretizzarsi un andamento marcatamente negativo del ciclo economico italiano. La prima vittima del peggioramento dell'economia è stata l'occupazione, specie verso la fine del 2012 e nei primi mesi del 2013. I giovani sono i più penalizzati da questa situazione avendo visto ridursi drasticamente le possibilità di trovare un impiego. Anche gli occupati e i cassaintegrati in fascia di età dai 40 ai 55 anni, sono stati duramente colpiti dalla chiusura di moltissime aziende.

Il rilevante calo del reddito disponibile per le famiglie ha avuto, come ripercussione, una forte diminuzione della spesa destinata ai consumi, decisamente superiore a quello della crisi del 2008/2009 e, una successiva riduzione della tendenza al risparmio che raggiunge, oggi, il suo minimo storico. A questo clima di difficoltà, le famiglie hanno reagito diminuendo la quantità e la qualità dei beni acquistati, scegliendo centri commerciali e discount alimentari a prezzo più basso. Il crollo della domanda interna, non è da attribuire solo ai consumi, ma si è esteso anche al settore degli investimenti, che hanno risentito delle difficili condizioni di accesso al credito.

Le valutazioni effettuate sulle imprese hanno fatto emergere che, alla fine del 2011, si è verificato un diffuso e continuo peggioramento delle condizioni di accesso ai finanziamenti con un ritorno su livelli che possono essere paragonati a quelli del 2008 con una durata, però, molto più estesa.

La recessione che si è manifestata nell'ultimo anno e mezzo, ha interessato tutti i principali settori della produzione, determinando una grave e generale caduta del valore aggiunto. Ne sono state interessate, in modo particolare, le costruzioni e, a seguire, l'agricoltura e l'industria. Un impatto più contenuto, lo ha avuto il settore terziario, mentre quello manifatturiero è stato leggermente superiore. Tutte queste condizioni negative in campo economico, hanno avuto una ripercussione su tutto l'apparato che riguarda la finanza pubblica, nonostante il governo abbia tentato un'azione di risanamento sui conti pubblici.

SEGRETO n. 1: il disagio causato dalla recessione si manifesta, a livello nazionale e internazionale, con le crisi economiche a effetto domino su tutti i settori primari: costruzioni, produzione industriale, agricoltura e terziario;

La situazione economica internazionale

Anche l'economia internazionale nel 2012, ha continuato a rallentare. Per quanto riguarda l'area euro, dopo il verificarsi di ben quattro contrazioni consecutive della congiuntura economica (la *congiuntura economica* è la combinazione di fenomeni socio-economici che determinano una particolare evoluzione del sistema economico), il prodotto interno lordo (vedi tavola 1-Fonte ISTAT) ha subito, anche nel quarto trimestre del 2012, una diminuzione molto marcata.

Tavola 1.1 Prodotto interno lordo per il Mondo, le principali aree geoeconomiche e alcuni paesi selezionati - Anni 2010-2012 (dati in volume, variazioni percentuali)

REGIONI E PAESI	Pil		
	2010	2011	2012
Mondo	**5,2**	**4,0**	**3,2**
Economie avanzate	*3,0*	*1,6*	*1,2*
Economie emergenti e Pvs	*7,6*	*6,4*	*5,1*
Uem	2,0	1,4	-0,6
Europa centrale e orientale	4,6	5,2	1,6
America Latina e Caraibi	6,1	4,6	3,0
Medio Oriente e Nord Africa	5,5	4,0	4,8
Pvs – Asia	9,9	8,1	6,6
Africa Sub-sahariana	5,4	5,3	4,8
Brasile	7,5	2,7	0,9
Cina	10,4	9,3	7,8
India	11,2	7,7	4,0
Giappone	4,7	-0,6	2,0
Russia	4,5	4,3	3,4
Stati Uniti	2,4	1,8	2,2

Fonte: Fmi – World Economic Outlook, aprile 2013

Fonte www.istat.it

Nota a Tavola 1: la sigla **Pvs-Asia** significa *Paesi in via di sviluppo* e la sigla **Uem** sta per *Unione economica e monetaria.*

Parallelamente, nello stesso lasso di tempo, anche Stati Uniti e Giappone si sono ritrovati con un'economia stagnante. Rallentamento e performance variabili si sono riscontrati anche per le economie dei paesi emergenti, nonostante abbiano continuato a registrare ritmi di crescita modesta.

Pur non essendo esperti in economia possiamo dedurre, dalla tabella, il progressivo deterioramento delle percentuali legate al prodotto interno lordo, un dato importantissimo per la salute dello sviluppo economico. Le previsioni a medio termine, per l'economia mondiale, continuano ad essere vincolate a numerosi fattori di rischio, connessi ad altrettante variabili, fra le quali è presente anche l'elevata percentuale del debito pubblico.

Il mercato del lavoro nel 2012

Per tutto il corso del 2012, si è analizzato un graduale peggioramento delle condizioni del mercato del lavoro a causa della continua flessione dell'attività economica. I dati ottenuti dalle verifiche sulle forze di lavoro, indicano che l'occupazione nel 2012 è diminuita moderatamente (- 0,3%), rispetto all'anno precedente quando, nonostante il contrarsi della congiuntura, l'occupazione aveva avuto un aumento dello 0,4% rispetto al 2010. Il drastico calo dell'occupazione si è verificato nel secondo semestre del 2012 ed è continuato fino all'inizio del 2013, senza peraltro arrestarsi ancora adesso. Parallelamente il tasso di disoccupazione è aumentato in modo esponenziale fino a raggiungere l'11,5 % nel marzo di questo 2013.

Dalla tabella riportata di seguito si vede chiaramente che il calo dell'occupazione nel 2012 riguardava, in misura diversa, il settore dell'industria e quello agricolo e che, al contrario, non aveva toccato l'insieme dei servizi, dove le assunzioni avevano continuato a crescere. Vedi Tavola 1.9

Tavola 1.9 Occupazione e input di lavoro per settore produttivo - Anno 2012 (valori in migliaia e valori percentuali)

SETTORE	Occupati	Variazione percentuale sul 2011	Unità di lavoro	Variazione percentuale sul 2011
Agricoltura	849	-0,2	1.186	-4,0
Industria	6.362	-2,7	6.084	-3,8
Industria in senso stretto	*4.608*	*-1,8*	*4.296*	*-1,9*
Costruzioni	*1.754*	*-5,0*	*1.788*	*-6,3*
Servizi	15.688	0,7	16.476	0,1
Totale	**22.899**	**-0,3**	**23.746**	**-1,1**

Fonte: Istat, Rilevazione sulle forze di lavoro (occupati) e Conti economici nazionali (unità di lavoro)

Fonte www.istat.it

SEGRETO n. 2: il drastico calo dell'occupazione avvenuto nel 2012, ha coinvolto tutti i settori risparmiando, in parte, il terziario dal quale, probabilmente, potranno ripartire i segnali di ripresa.

Le imprese italiane

Capacità competitiva e possibilità di crescita

La crisi ha gravato notevolmente sui risultati ottenuti dagli sforzi delle imprese, fissando differenze rilevanti nella competitività e nello sviluppo ciclico dei singoli settori produttivi, nei quali si stanno verificando profonde trasformazioni. L'organizzazione e le strategie delle imprese, infatti, stanno cambiando al punto da creare conseguenze sulla flessibilità produttiva, sulla scelta degli investimenti, sulla posizione delle singole aziende in relazione alle "catene di valore", oltre ad incidere sui mercati finanziari.

D'altra parte sembra che la crisi abbia avviato un cambiamento concreto anche nelle imprese che risultano più competitive, cioè quelle più esposte sui mercati esteri. Anche queste aziende hanno subito, come quelle operanti sul mercato nazionale, le conseguenze delle difficoltà di accesso al credito e, quindi, la mancanza di liquidità, trovandosi a combattere, nel corso del 2012, con una frenata degli ordini dall'estero, specialmente in Europa, primaria zona di sbocco dei prodotti italiani.

Proviamo, adesso, ad analizzare i profili strategici delle imprese italiane relativi alla capacità innovativa, alla proiezione internazionale e all'organizzazione aziendale mostrando come la ricerca di livelli maggiori di produttività si stia concretizzando con forti investimenti sull'incremento delle capacità organizzative e manageriali. Il IX° censimento per le imprese e i servizi, realizzato a fine 2012 ha evidenziato che, il sistema produttivo italiano, è composto da un alto tasso di aziende a conduzione familiare. È risultato, infatti, che alla fine del 2011 la struttura di tipo familiare (ovvero quella in cui la gestione è esercitata direttamente o indirettamente da una persona fisica o da una famiglia), è attestata nel 70% delle imprese industriali e di servizi.

Le aziende a conduzione familiare, sono quasi i tre quarti delle microimprese e il 60% delle piccole, ma solo il 31% delle grandi.

La reazione del sistema economico alla recessione

Nel corso del 2011, le strategie adottate dal sistema produttivo italiano, sono state prevalentemente di tipo difensivo volte, in primo luogo, a proteggere le proprie quote di mercato; due imprese su tre hanno, infatti, adottato questa scelta tecnica.

La maggior parte delle aziende (oltre il 60%), ha scelto di attuare questa strategia e sono soprattutto le imprese collocate nell'industria e nel commercio a cercare di risalire la china della crisi investendo nella differenziazione dei loro prodotti (rispettivamente il 44 e il 43% dei due settori) mentre, nei servizi, questo avviene solo per un terzo delle imprese.

Nel mettere in pratica queste scelte, le imprese italiane fanno leva principalmente sul miglioramento della *qualità* del prodotto o servizio offerto (circa il 70%), mentre il restante 30% delle imprese, trae vantaggio dalla *concorrenza di prezzo.*

SEGRETO n. 3: due terzi delle imprese italiane, per contrastare la recessione, puntano sulla qualità del prodotto, mentre un terzo fa leva sulla concorrenza di prezzo.

Esistono, tuttavia, dei fattori che ostacolano la competitività delle imprese. I più penalizzanti sono: la mancanza di risorse finanziarie, gli obblighi amministrativi e burocratici, la mancanza o la scarsità della domanda e un contesto socio-ambientale sfavorevole. Tutti questi fattori, indeboliscono e frenano lo sviluppo di circa un terzo delle imprese italiane.

Profili strategici delle imprese italiane

Sia la competitività che il potenziale di crescita delle aziende italiane, sono condizionati da un insieme complesso di strategie produttive, organizzative e di mercato. Per analizzare questi aspetti, i dati raccolti col censimento, sono stati sintetizzati in un'analisi che ha permesso di identificare tre profili strategici collegati ad altrettanti parametri relativi alla capacità competitiva delle imprese nazionali. Vediamo insieme questi fattori:

1. *dinamismo aziendale*: comprende il concetto di innovazione in senso ampio; sia l'innovazione del processo del prodotto, l'innovazione di marketing e organizzazione aziendale oltre all'espansione verso nuovi mercati, nazionali ed internazionali;
2. *proiezione estera*: spiega le diverse strategie di intervento sui mercati internazionali, con le esportazioni, la creazione di collaborazioni e di accordi con imprese estere;
3. *complessità organizzative*: individua i modelli di gestione delle imprese a seconda che queste abbiano una conduzione di tipo manageriale, facciano parte o meno di un gruppo, siano a gestione familiare, abbiano il socio di maggioranza di nazionalità estera, assumano personale qualificato, abbiano un punto di forza nella qualità dei prodotti e servizi offerti o abbiano attuato joint venture, consorzi o accordi formali con altre imprese;

Fonte dati: www.istat.it

Da questi profili e dalla loro combinazione, si possono ricavare le reali strategie aziendali. Si tratta di imprese che hanno ridotto il proprio potenziale, poco elastiche, che si rivolgono in prevalenza ad un mercato locale (comune o regione), con una struttura aziendale molto semplificata; è molto frequente la presenza di imprese a controllo familiare. Anche le innovazioni e la riorganizzazione dei processi relativi alla produzione sono limitati. È evidente che, in un contesto simile, le imprese dichiarano di adottare soprattutto strategie difensive di cui accennavamo poco sopra. In questo modo anche i risultati ottenuti saranno modesti.

Il mercato del lavoro

La fase critica del ciclo economico tuttora in corso, ha creato una diminuzione degli occupati, una crescita della disoccupazione e una situazione difficilissima per i giovani. Le indagini Istat rilevano, però, una crescita dell'occupazione femminile la quale, più che una trasformazione profonda del modello sociale è, in realtà, un incremento che può definirsi più come una conseguenza familiare che non un reale cambio di paradigma.

Le donne, in questo momento, cercano un lavoro principalmente per sostenere la diminuzione del reddito familiare causato dalla perdita del lavoro o dall'entrata in cassa integrazione del coniuge. I dubbi sul futuro, per chi entra in cassa integrazione, si sono amplificati; non solo il periodo medio è aumentato, ma è anche aumentata la probabilità di ritrovarsi disoccupati. In questo clima difficile, si sta assistendo a una intensificazione dello scoraggiamento e dell'inattività; le persone sono fortemente oppresse dal contesto di precarietà in cui si trovano.

I settori dell'occupazione, hanno registrato una sensibile diminuzione di artigiani, di operai specializzati e di figure professionali qualificate, a favore di un aumento di occupazione per le categorie non qualificate. La percentuale di giovani che non lavorano e non studiano è aumentata in misura maggiore rispetto agli altri paesi europei.

Altri aspetti dell'occupazione

Il dato Istat sul calo dell'occupazione giovanile nel 2012 riporta un incremento per gli uomini rispetto alle donne su tutto il territorio nazionale. In genere, ne sono stati interessati (oltre ad esserne i più colpiti), i giovani con titolo di studio più basso, nello specifico, quanti hanno al massimo la licenza media. Si è appurato anche che, il numero dei giovani tra i 15 e i 29 anni che non lavorano (che sono cioè disoccupati e inattivi) e non frequentano nessun corso di istruzione o formazione, è nel 2012, aumentato di circa 95 mila unità.

Questa categoria di giovani detta NEET che sta a significare *Not in Education, Employment or Training*, ovvero «né studente, né lavoratore, né in formazione», mette in evidenza la diversità che esiste in campo europeo; in Italia, durante la crisi, la quota di Neet è cresciuta molto di più e lungo tutti gli ultimi tre anni mentre nei principali paesi europei è cresciuto molto nella prima fase per poi stabilizzarsi. L'aspetto di scoraggiamento è quindi, nel nostro paese, più forte che in altri.

SEGRETO n. 4: i dati Istat sul calo dell'occupazione evidenziano la perdita delle professioni qualificate e il clima di difficoltà che stanno vivendo i giovani; hanno scarso accesso allo studio, non lavorano e non riescono a riqualificare la propria professionalità con la formazione.

Dalla parte del cittadino

La grave e perdurante crisi economica, produce effetti pesanti anche sulla psicologia delle persone. La scarsità e la precarietà, spingono i cittadini ad adottare un atteggiamento prudente nello spendere, nel migliore dei casi se non, addirittura, nel fare a meno di parte delle spese. La difficile situazione economica va ad agire anche su altri aspetti del contesto sociale. In alcuni casi si assiste al radicarsi di atteggiamenti ostili dove, la posizione degli italiani verso gli immigrati, può essere paragonata a uno stato di rivalità per conquistarsi risorse scarse e in particolare il posto di lavoro.

Un ulteriore elemento di criticità che sta acuendo le difficoltà del paese, in questo momento, risiede nel fatto che ci si trova ad affrontare non solo una profonda crisi economica, ma anche la manifestazione diffusa dell'insoddisfazione dei cittadini verso la politica e le istituzioni pubbliche: i livelli di fiducia sono molto bassi. A conclusione di questo excursus sul panorama economico nazionale e internazionale, dobbiamo tenere conto anche dei dati che indicano il grado di soddisfazione del cittadino sulla qualità della vita, sul suo benessere personale, nell'attuale periodo di crisi. Dai dati ISTAT risulta comunque che, un quarto degli italiani, è ottimista riguardo al proprio futuro. Ora, il grado di soddisfazione per la qualità della vita, per le aspettative e per il benessere economico, ha bisogno di esprimersi in modo armonioso, pena uno squilibrio nella condizione globale dell'individuo.

È indubbio che, per contrastare il clima decisamente critico dal punto di vista economico, non si possa fare unicamente affidamento sulle risorse offerte dalle istituzioni, come non è pensabile di delegare totalmente al settore impresa il compito di "creare" posti di lavoro. Chiaramente le aziende sono in sofferenza, non riescono a far fronte alle spese di gestione e pertanto anche l'assunzione di un dipendente risulta essere un impegno gravoso, non per egoismo ma per reali difficoltà che possiamo definire oggettive. Sistema Inps e tassazione sono gli spauracchi che devono trovare una nuova forma, affinché si possa pensare di rivalutare il mercato del lavoro. Bene, e nel frattempo come possiamo noi cittadini fronteggiare questo stato di necessità? Come possiamo invertire la rotta della crisi economica, cercando a nostra volta di creare valore aggiunto? In tempi critici e nei rovesci economici più forti, si è sempre assistito a una impennata della creatività delle persone. Inoltre, la precarietà, funge da stimolo e, se ben gestita e non vissuta come un limite, può e deve innescare, quanto meno, una rivalutazione personale e una rimessa in gioco dell'individuo.

La capacità resiliente di ciascuno di noi, ovvero l'attitudine a superare stati sfavorevoli come quelli della crisi economica che stiamo vivendo, si esprime attraverso la libera iniziativa del singolo. Spesso, chi ha il coraggio di credere nella propria idea imprenditoriale, si trova da solo a lottare per realizzarla, tolta la famiglia e qualche amicizia importante che può affiancarlo e sostenerlo nell'iniziativa. Come dicevamo, l'accesso al credito è diventato molto difficile da ottenere, specie per i giovani che hanno idee ma poche risorse da poter utilizzare. Da qui, la necessità di sviluppare le proprie capacità, i propri talenti e il coraggio necessario a reperire le risorse per creare il proprio futuro. Dalle situazioni difficili, lo ripetiamo, è possibile trarre la spinta a dare realmente forma alle proprie passioni e desideri di realizzazione. La saturazione del settore economico per categorie (abbigliamento, alimentazione, servizi ecc.) suggerisce, alle nuove aziende, una riflessione su come individuare le strategie più idonee per acquisire clientela, offrendo innovazione e qualità insieme. Riqualificare le conoscenze e le competenze che si posseggono in merito ad un certo settore, è senza dubbio la cosa migliore; per questo la formazione ha un ruolo così importante per i nuovi imprenditori. Da non dimenticare poi, la vasta gamma di opportunità che internet fornisce, sia dal punto di vista della visibilità (le nuove Start Up non possono essere fuori dalla Rete), sia come possibilità di sviluppo (nuove professioni, affiliazioni e franchising).

Non dimentichiamo di valutare anche l'aspetto limitante di un posto di lavoro dipendente. Se da un lato conferisce una probabile certezza di stipendio (cosa che ultimamente è andata scadendo, viste le chiusure improvvise di molte aziende), dall'altro induce la persona ad accettare passivamente una collaudata routine che limita fortemente il suo lato creativo e l'espressione dei propri talenti. Indubbiamente la scelta è del tutto personale e ciascuno può essere favorevole o contrario a questo aspetto ma teniamo conto, in modo razionale e concreto, della situazione attuale. Essere autonomi e gestire personalmente la propria attività, non mette al riparo da crisi o problemi economici, ma certamente colloca una persona nella possibilità di "operare delle scelte", cosa che difficilmente avviene in caso di un lavoro dipendente. Per tutti quanti sarà indispensabile flessibilità, determinazione e costanza, se si vogliono ottenere dei risultati apprezzabili. Nulla dovrà essere lasciato al caso.

SEGRETO n. 5: per uscire dalla crisi occorre agire "in prima persona" con flessibilità, determinazione e costanza.

Questo corso è nato con lo scopo di "testimoniare" che tutto quanto scritto nei paragrafi precedenti è possibile. È possibile, cioè, coniugare innovazione, creatività e risultati, dando vita ad aziende solide anche se appena nate.

Esamineremo insieme più casi di Start Up che hanno ottenuto risultati notevoli nonostante la loro giovane età e che, attualmente, sono ancora più determinate a sviluppare al meglio la propria idea potenziando le proprie possibilità. Sono aziende giovani, presenti in vari settori economici e distribuite sul territorio nazionale, anche se sono state prese in esame alcune attività collocate geograficamente a Firenze e altre che operano prevalentemente sul web. L'intento è quello di nutrire la capacità creativa dei lettori, con storie di persone che, **adesso**, stanno iniziando da zero l'esperienza imprenditoriale, nonostante il clima di difficoltà e la situazione pesante dei conti pubblici.

Conoscere la loro storia, seguire le tappe che hanno segnato la nascita, la crescita e lo sviluppo dell'azienda, può essere illuminante e dare spunti a chi sta pensando di trasformare in realtà il proprio sogno nel cassetto: creare un'attività propria. La prima Start Up che andremo ad analizzare è Red Carpet Outlet ©, impresa giovanissima, nata nel 2012. A seguire ci occuperemo di Nartist ®, altra coraggiosa iniziativa che testimonia l'eccellenza italiana. Ma vediamo nel dettaglio le loro caratteristiche particolari.

RIEPILOGO CAPITOLO 1:

- SEGRETO n. 1: Il disagio causato dalla recessione si manifesta, a livello nazionale e internazionale, con le crisi economiche a effetto domino su tutti i settori primari: costruzioni, produzione industriale, agricoltura e terziario.
- SEGRETO n. 2: Il drastico calo dell'occupazione avvenuto nel 2012, ha coinvolto tutti i settori risparmiando, in parte, il terziario dal quale probabilmente potranno ripartire i segnali di ripresa.
- SEGRETO n. 3: Due terzi delle imprese italiane, per contrastare la recessione, puntano sulla qualità del prodotto, mentre un terzo fa leva sulla concorrenza di prezzo.
- SEGRETO n. 4: I dati Istat sul calo dell'occupazione evidenziano la perdita delle professioni qualificate e il clima di difficoltà che stanno vivendo i giovani; hanno scarso accesso allo studio, non lavorano e non riescono a riqualificare la propria professionalità con la formazione.
- SEGRETO n. 5: Per uscire dalla crisi occorre agire "in prima persona" con flessibilità, determinazione e costanza.

CAPITOLO 2:
Red Carpet Outlet ©: un franchising alla portata dei giovani

«Il valore di un'idea sta nel metterla in pratica».

Thomas Alva Edison

Il motivo per cui ho scelto di descrivere le aziende che troverete in questo corso è principalmente dovuto alla particolarità dell'idea che trasmettono. Mi sono imbattuta, quasi per caso, in Red Carpet Outlet©, durante una passeggiata a Firenze. Ricordo bene, di aver avuto da subito la percezione che lo show room nascondesse ben altro, al di là della vetrina ben curata. In effetti, ben visibile, era collocato il manifesto dell'attività non scontato o di impatto tiepido ma, al contrario, ricco di informazioni, originale e accattivante per grafica e colori.

Questi primi messaggi sono stati la spinta a entrare per "curiosare", visto che la merce era costituita da capi di abbigliamento e accessori molto particolari. In apparenza sembravano poter essere definiti vintage ma, in realtà, erano assolutamente attuali: non il solito negozio che commerciava oggetti standard. Non voglio anticiparvi nulla, proprio per avere la possibilità di spiegare il successo di questa iniziativa, dalla sua nascita al momento attuale. Procediamo con ordine. Red Carpet Outlet © è nata dall'idea di Andrea Lombardi, appena un anno fa.

Infatti, il progetto è stato realizzato nel 2012 e, a distanza di un solo anno, ha ottenuto un riscontro più che positivo, al punto che sono state possibili alcune scelte strategiche di sviluppo, che hanno differenziato l'azienda dal resto delle Start Up nel settore dell'abbigliamento usato selezionato. Ho voluto approfondire l'analisi di questa idea imprenditoriale, ponendo delle domande specifiche al titolare, per meglio comprendere quali siano state le tappe per l'ideazione e la realizzazione del progetto. Come vedrete tra poco, la creatività, la passione e l'innovazione hanno trovato, in questa attività, un equilibrio importante al punto da produrre ottimi risultati a livello economico. Vediamo in dettaglio la storia di Red Carpet Outlet ©.

Per raccogliere tutte le informazioni necessarie ad analizzare questo successo imprenditoriale, ho realizzato una breve intervista con l'ideatore del progetto: Andrea Lombardi.

Dalle sue risposte, sono emersi dei particolari molto interessanti. In primo luogo Andrea mi ha spiegato che l'idea per la creazione della sua attività gli è arrivata quando alcune persone di sua conoscenza, in prevalenza donne, avevano manifestato l'esigenza di disfarsi di capi di abbigliamento, ancora in buono stato e prevalentemente di marca e di non sapere come fare. Al tempo stesso, queste persone, cercavano un luogo dove poter trovare altrettanti capi esclusivi, pezzi unici non in serie e di una qualità specifica, con la possibilità di poterli provare comodamente e scegliere in tutta libertà.

SEGRETO n. 6: dallo swap party all'outlet dell'usato di marca; da una moda ad un business strutturato. Ecco come trasformare una tendenza in un progetto imprenditoriale.

Nel raccogliere questa particolare esigenza, Andrea ha compreso che internet non poteva essere il solo mezzo per dare corso a un progetto di questo tipo, ricalcando magari la traccia di alcuni ecommerce già esistenti, ed è andato oltre, interpretando correttamente i bisogni di questa sua potenziale clientela. Ha aperto lo show room improntato a soddisfare questa esigenza ma non si è fermato a questo; ha fatto molto di più, adesso vedremo nel dettaglio tutte le opportunità che ha creato.

SEGRETO n. 7: le nuove Start Up hanno più probabilità di avere ottimi risultati se nascono con l'intento di risolvere un problema al potenziale cliente, oppure per rispondere ad una esigenza precisa delle persone.

Come dicevamo poco sopra, Andrea, esperto di marketing e attento all'utilizzo di Internet, ha compreso che difficilmente una persona può acquistare un capo di abbigliamento senza prima provarlo. E così ha creato un punto di incontro per chi, da una parte, propone in vendita dei capi tendenzialmente griffati a prezzi ragionevoli e, dall'altra, le persone che cercano capi esclusivi a prezzi abbordabili.

Andrea ha creato, quindi, un luogo fisico, un punto vendita che si potesse differenziare dagli altri negozi, con un'impronta esclusiva, curato nello stile e nei dettagli con una particolare attenzione al capitale da investire e alla gestione dell'attività. Infatti, se avesse voluto creare un classico negozio di abbigliamento, avrebbe dovuto considerare la messa in opera di un magazzino e un assortimento dispendioso.

Per Red Carpet Outlet © non è stato così. L'idea di acquisire i capi tramite gli stessi clienti, ha favorito l'espandersi dei contatti, anche perché non si tratta di un semplice conto vendita dell'oggetto. Infatti, i clienti che hanno venduto i propri capi possono decidere di incassare il denaro, oppure convertirlo in un buono di acquisto maggiorato del 25% come incentivo per "far girare l'economia".

A questa vantaggiosa opportunità per chi vende, se ne aggiunge un'altra per chi acquista; è un aspetto originale che Andrea ha saputo pubblicizzare molto bene anche attraverso eventi e iniziative promozionali di cui parleremo più avanti. Unitamente alla possibilità di ottenere un buono o del contante per un capo di cui vogliono disfarsi, i clienti hanno anche l'opportunità di usufruire di un "noleggio low cost", cosa che non è possibile fare in un normale negozio di abbigliamento.

Andrea ha riscontrato che vi sono persone che detestano provare gli abiti prima di acquistarli mentre ve ne sono altre che, una volta fatto l'acquisto, non appena lo indossano si pentono della scelta. Con il "noleggio low cost", Red Carpet Outlet© ha dato la possibilità a queste persone di poter restituire il giorno dopo il capo ma non solo; il noleggio low cost è utilissimo in tutti quei casi in cui si debba partecipare a eventi o feste particolari e non si possiede il giusto abbigliamento per presenziare. Con questo sistema, la persona si reca in Red Carpet Outlet©, sceglie l'abito e gli accessori che più la soddisfano e può noleggiarli, utilizzandoli per l'evento, e riportandoli il giorno dopo come un normale servizio di noleggio. Abbiamo quindi individuato, fino a questo momento, due punti fondamentali per il varo di questa Start Up:

1. Lo sviluppo dell'idea in base all'osservazione delle esigenze delle persone;
2. La differenziazione nel servizio offerto che va a coprire più esigenze della clientela, oltre all'acquisto vantaggioso per il

prezzo e qualità del prodotto.

SEGRETO n. 8: il successo di una buona Start Up, è strettamente collegato alla differenziazione e all'innovazione dei servizi offerti oltre che alla loro qualità.

Chiaramente, anche se questi due punti sono già molto importanti per assicurarsi una buona riuscita nell'attività vi sono, tuttavia, delle difficoltà iniziali che non possono non essere presenti, come ogni progetto che si rispetti. Per Red Carpet Outlet© queste difficoltà si sono materializzate al momento di presentare l'idea stessa alla clientela. Si trattava di un servizio innovativo che Red Carpet Outlet© proponeva a clienti che lo vedevano per la prima volta. Si sono pertanto verificati alcuni casi in cui, gli acquirenti, non avevano la totale consapevolezza del vantaggio proposto.

Per cui, agli inizi, si sono avvicinati all'idea pensando a qualcosa di complicato o difficile da gestire. A questo aspetto penalizzante, Andrea ha contrapposto, come azione proattiva, una consulenza vera a propria, attuata sul sito, su Facebook ed anche in outlet. In questo modo ha ottenuto due risultati: il primo è stato quello di informare correttamente il cliente sul funzionamento dell'idea Red Carpet Outlet© e il secondo è stato quello di dare un supporto alla scelta del capo di abbigliamento e degli accessori esercitando la sua competenza di **personal shopper**. Oltre a questo aspetto, Andrea ha spiegato che ha notato come sia stata determinante anche la struttura della location.

Si è accorto, da buon esperto di marketing, che la connotazione "rossa" dello show room creava disagio ad una fascia della clientela portando difficoltà nel fruire del negozio. Il colore rosso, infatti, faceva quasi la funzione di "deterrente", nei primi giorni di vita dell'attività, intimorendo le persone e scoraggiandole dall'entrare.

Fatta quest'analisi attenta e scrupolosa che prevedeva anche la logistica interna dello show room, ha modificato gli ambienti, dislocando in un altro modo le componenti cromatiche rosse e l'illuminazione, per integrarle al meglio senza peraltro stravolgere la linea del negozio. I risultati positivi non si sono fatti attendere. Il negozio ha ripreso subito quota, portando degli ottimi risultati per un'azienda nata solamente nel 2012, risultati di cui parleremo tra poco. Va sottolineato che, per organizzare al meglio lo sviluppo di questo progetto, è stato realizzato un business plan, secondo le regole di base, tenendo conto del fatto che l'idea era assolutamente innovativa e quindi priva di parametri per riscontro e poteva, pertanto, avvalersi solamente di dati previsionali.

Andrea, quindi, ha cercato di raccogliere più idee possibile ed ha utilizzato delle vere e proprie proiezioni per potersi avvicinare a dati realistici; da dire che per lui è stato più agevole, essendo esperto del settore, ma chiunque può farsi aiutare dal proprio commercialista. Il business plan è uno strumento indispensabile poiché obbliga a considerare tutti quegli aspetti pratici che normalmente siamo tentati di tralasciare come compito sgradito, quali i conti economici, gli eventuali investimenti iniziali e la previsionale di cassa. Chi intende varare una nuova attività, non può prescindere dalla stesura di un report come questo, è indispensabile per la buona riuscita del progetto. Anche Red Carpet Outlet©, ha strutturato lo studio di realizzazione della propria idea imprenditoriale, sull'esito del business plan.

SEGRETO n. 9: per iniziare in modo corretto un'attività, occorre costruire un business plan completo di tutti i dati relativi allo sviluppo commerciale dell'idea e attenersi alle linee guida che emergono da tali studi previsionali.

Normalmente, in sede di lancio di un'attività, ci sono delle spese vive da sostenere per avviarla. È la domanda che ho fatto direttamente al titolare di Red Carpet Outlet©, che mi ha spiegato come sia stato possibile, per loro, iniziare questo progetto praticamente a costo zero, vista la struttura dell'idea e, al tempo stesso, lanciare dopo un solo anno di attività un proprio marchio di franchising.

Inizialmente, a parte il costo dell'affitto relativo ai locali e all'allestimento dello show room, non hanno avuto altre spese di rilievo. Per questo motivo, dopo solo un anno, ha potuto creare un contratto di affiliazione in franchising con una quota per i diritti di ingresso, molto contenuta e un capitale iniziale richiesto assolutamente accessibile. Hanno praticamente applicato il concetto di low cost, anche alle quote di partecipazione dell'affiliato.

Ma c'è un aspetto di questa attività, sul quale non sono scesi a patti e non hanno ritenuto di poter soprassedere. Nel valutare le candidature per l'apertura di un nuovo show room a marchio Red Carpet Outlet©, Andrea e i suoi collaboratori hanno adottato una linea che può essere riassunta in questa loro frase, tratta da una presentazione del progetto:

«*La nostra catena si basa sul franchising e i successi ottenuti sono basati sulla scelta delle persone giuste cui affidare la gestione degli Outlet e dei clienti. Non stupitevi, quindi, se la nostra selezione è accurata e rigorosa*».

È su questa precisione e professionalità che un progetto può contare per essere vincente. Per gestire qualunque tipo di progetto imprenditoriale, sono necessarie alcune caratteristiche molto precise che Red Carpet Outlet© ha sintetizzato ritenendole indispensabili per un candidato ideale:

- Integrità personale elevata;
- Spiccate capacità di gestione del personale e di comunicazione;
- Forti doti di Leadership;

- La personalità per essere un forte ambasciatore del marchio;
- Un approccio orientato al cliente.

SEGRETO n. 10: per gestire un progetto imprenditoriale occorre entrare in possesso di precise competenze e professionalità, utilizzando le proprie doti personali di leadership potenziandole con un'adeguata formazione.

Un altro aspetto importante per la riuscita ottimale di un progetto come questo, è il tipo di pubblicità che viene utilizzato. Nello specifico Red Carpet Outlet©, oltre a servirsi dei canali classici come il volantinaggio, ha creato delle collaborazioni con i locali più frequentati della zona, proponendo una compartecipazione per tutti gli eventi in calendario, offrendo il noleggio degli abiti per sfilate e serate a tema.

Inoltre sono stati programmati spot radio, e promozioni in collaborazione con i negozi della zona per fidelizzare i clienti. Anche i Social hanno avuto un ruolo importante nel rafforzare la popolarità del marchio. Red Carpet Outlet© è molto attivo su Facebook e pubblica giornalmente le foto e i post sui nuovi capi arrivati in negozio, per tenere informati i propri clienti.

Molte delle promozioni sono state, infatti, pubblicizzate su Facebook e altri canali offline presenti nella zona di attività, incrementando notevolmente il volume di affari. Considerando l'impostazione che Red Carpet Outlet© ha voluto dare al proprio progetto, è interessante conoscere l'obiettivo a un anno che l'azienda si è posta. A questa domanda, il titolare è stato assolutamente certo: la meta è quella di raggiungere il risultato di 5 nuovi punti vendita in franchising entro il 2014, tutti in città diverse e con almeno un bacino di utenza di 15.000 persone.

Analizzando questa attività, abbiamo potuto comprendere come, le iniziative e la creatività applicate ad un programma preciso di marketing strategico, possono produrre risultati molto importanti in un arco di tempo relativamente breve. Non vanno comunque dimenticate le regole base per la buona riuscita di un'iniziativa imprenditoriale che sono: la cura dei dettagli, il potenziamento delle competenze, della professionalità e la creazione di sinergie collaborative.

Red Carpet Outlet© ha dimostrato che è possibile realizzare la propria idea imprenditoriale perseguendo con tenacia il proprio obiettivo, senza tralasciare nessun aspetto e curando profondamente l'attenzione al cliente.

Un'impresa giovane che "parla" ai giovani con il proprio esempio, fornendogli un'opportunità lavorativa di alto valore anche dal punto di vista etico: un *consumo più consapevole*, di alta qualità e fuori dagli standard per la sua originalità.

Passiamo, adesso, a esaminare un'altra impresa che ha dimostrato di avere coraggio e determinazione nell'affermare la propria idea creativa. Stavolta siamo in Puglia, precisamente a Gioia del Colle in provincia di Bari. È qui che ha sede la Start Up Nartist ®, oggetto del nostro studio nel prossimo capitolo.

RIEPILOGO CAPITOLO 2:

- SEGRETO n. 6: Dallo swap party all'outlet dell'usato di marca; da una moda a un business strutturato. Ecco come trasformare una tendenza in un progetto imprenditoriale.
- SEGRETO n. 7: Le nuove Start Up hanno più probabilità di avere ottimi risultati se nascono con l'intento di risolvere un problema al potenziale cliente, oppure per rispondere ad una esigenza precisa delle persone.
- SEGRETO n. 8: Il successo di una buona Start Up, è strettamente collegato alla differenziazione e all'innovazione dei servizi offerti, oltre che alla loro qualità.
- SEGRETO n. 9: Per iniziare in modo corretto un'attività, occorre costruire un business plan completo di tutti i dati relativi allo sviluppo commerciale dell'idea e attenersi alle linee guida che emergono da tali studi previsionali.
- SEGRETO n. 10: Per gestire un progetto imprenditoriale occorre entrare in possesso di precise competenze e professionalità, utilizzando le proprie doti personali di leadership potenziandole con un'adeguata formazione.

CAPITOLO 3:
NARTIST®: storia di eccellenza italiana

«I pazzi osano dove gli angeli temono d'andare».

Alexander Pope

Per restare in tema di originalità, che come abbiamo visto è direttamente collegata all'innovazione, ci occupiamo adesso di una realtà, anch'essa tutta italiana, che ha fatto dell'eccellenza la propria mission. Nartist ® nasce nel 2006 da un'idea di Francesco Nicastri che, nel 2007, deposita il brevetto e l'estensione dello stesso anche a livello internazionale, comprese Cina e Russia. Seguono, negli anni, sperimentazione e realizzazione di vari prototipi di prodotti, che valgono a Nartist ®, un riconoscimento dal Consorzio IMPAT (Ministero Sviluppo Economico e vari partner) che la classifica tra i sei progetti più innovativi d'Italia. Ma che cos'è Nartist®? E, soprattutto, in che cosa rappresenta l'eccellenza del suo Made in Italy? L'idea particolarissima di Francesco Nicastri, su questo aspetto, può essere definita come una «*nuova Moda di vivere l'arte*» per l'utente finale. Il progetto Nartist®, infatti, si basa principalmente anche sul coinvolgimento dell'utente stesso nel processo creativo di un'opera originale, che l'artista realizza per lui in modo esclusivo. Il cliente finale viene, così, coinvolto nel processo di personalizzazione del dettaglio d'autore che diventa «*unico e originale*». La singolarità dell'idea sta proprio in questo concetto. In precedenza era considerato percorso obbligato, per la creatività, il nascere, crescere e svilupparsi in modo "centralizzato" in sede all'azienda che erogava il prodotto.

In un certo senso, il processo creativo, avveniva tramite lo sviluppo dell'idea da parte dei creativi dell'azienda la quale, successivamente, metteva il prodotto sul mercato avvalendosi di corpose e costose campagne pubblicitarie per la promozione. Con Nartist® si assiste a un sovvertimento di questo cliché. È l'utente finale, infatti, che partecipa al processo creativo coinvolgendo l'artista che preferisce e che firmerà ogni oggetto, rendendolo unico e personalizzato. L'amore per l'arte e la grande esperienza accumulata in più di trent'anni nel campo della consulenza aziendale hanno fornito, al Dott. Francesco Nicastri, la determinazione e la passione per creare un nuovo modello di interazione tra il mondo dell'industria della moda e dell'arredo, con il mondo degli artisti. Il suo intento, insieme ai suoi collaboratori esperti in design e in digital marketing, è quello di creare valore aggiunto all'esperienza del consumo, puntando sulla qualità piuttosto che sulla quantità, curando di più il lato "emozionale" dell'acquisto, piuttosto che quello razionale. Tutto questo è stato possibile grazie a un sistema che permette una sorta di *intercambiabilità del dettaglio* (Brevetto d'Invenzione PCT internazionale rilasciato dalla Wipo) su un prodotto industriale di serie, per renderlo unico con la collaborazione di artisti di tutto il mondo.

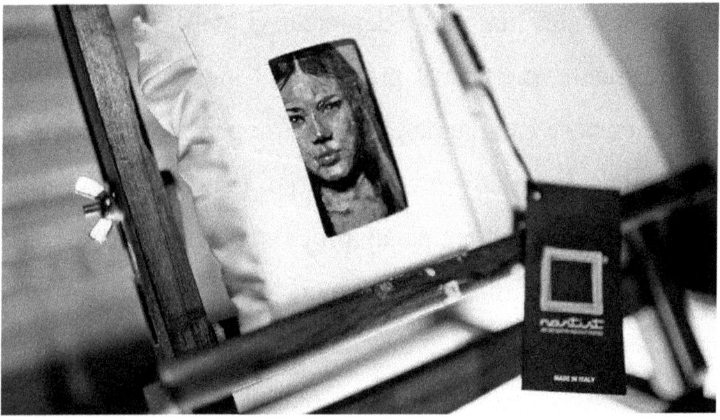

Foto tratta da www.nartist.it

Anche l'opera d'arte di dimensioni più grandi può essere personalizzata con un dettaglio intercambiabile, dove lo stesso dettaglio può impreziosire un polsino di camicia. Il primo esempio che viene menzionato è, appunto, quello di un capo di abbigliamento esclusivo: si tratta di una camicia da uomo e da donna personalizzate con inserti unici realizzati, come dicevamo, dell'artista scelto dal cliente. Il brevetto è utilizzabile su tutti i capi di abbigliamento, sugli accessori, ma anche su arredo e complementi di arredo. Indubbiamente questo progetto imprenditoriale ha richiesto e richiede continuamente risorse economiche per lo sviluppo delle strategie necessarie a fortificare la giovane Start Up, dandole la possibilità di crescere e attestarsi sul mercato in modo stabile.

Foto tratta da www.nartist.it

Ho chiesto al Dott. Nicastri se, in fase di inizio attività, avesse approntato con i suoi collaboratori un business plan e si fosse proposto per un accesso al credito. La risposta che mi ha fornito profila un quadro molto preciso, che sottolinea la forza e la determinazione con le quali si sostiene un sogno da realizzare. La Nartist® ha strutturato un piano industriale che ha revisionato numerose volte per renderlo il più chiaro possibile in vista di presentarlo ad eventuali partner aziendali.

Inizialmente, ci dice Nicastri, non è stato semplice coniugare due mondi tanto diversi, come Arte e Industria, soprattutto dal punto di vista della distribuzione commerciale. Per ben quattro volte, questo staff operativo ha stilato il suo Piano Industriale per renderlo perfetto. Tutt'ora viene costantemente monitorato per ottimizzare il modello di business. In tutto questo, il Dott. Nicastri NON ha utilizzato nessun credito, al di là del proprio impegno personale, ottenuto dalla vendita di una piccola proprietà e dal gettito del suo lavoro principale. Ancora una volta **l'eccellenza italiana** nasce da sola e cresce appoggiandosi al coraggio e alla determinazione di persone che credono nei propri sogni.

SEGRETO n. 11: la ripresa dell'economia italiana, si trova nella forza delle idee, nel coraggio del singolo che vuole realizzare il proprio sogno imprenditoriale e nell'inevitabile presa di coscienza delle istituzioni sugli errori che hanno commesso fino ad ora.

Le difficoltà iniziali che si incontrano nell'intraprendere un progetto aziendale, sono quasi sempre di tipo economico; Nartist® è riuscita a portare avanti la propria idea autofinanziandosi e molte Start Up lo hanno fatto ricorrendo al Crowdfunding, la nuova risorsa per trovare fondi a sostegno della propria idea imprenditoriale.

Ma quello che ha portato maggior merito a questo imprenditore, è stata la determinazione nel perseguire la propria idea di business, nonostante le diffidenze iniziali e le difficoltà nel fare comprendere il valore di questo prototipo creativo ai vari interlocutori. La sua costanza l'ha premiato perché, nel 2009, ha potuto, grazie all'incontro con il Presidente della Camera della Moda il Cav. Mario Boselli, il quale ha creduto nel suo progetto, perfezionarlo ulteriormente e arrivare a partecipare alla conferenza stampa indetta appunto, alla Camera Nazionale della Moda di Milano nel 2011. È così che ha trovato un motivo in più per lottare per la propria idea imprenditoriale e il coraggio necessario a proseguire con determinazione con le strategie per strutturare lo sviluppo della sua Start Up.

Ed è proprio grazie a questa iniziativa alla Camera della Moda che Nartist® inaugura la sua presenza a due delle Fiere del Lusso più importanti in Italia, a Vicenza e a Roma. Sull'onda di queste iniziative Nicastri ci spiega che, con il proprio staff, sta puntando a potenziare la presenza di Nartist® sui social e si appresta a concretizzare l'allestimento di altri centri Nartistime® nei locali che stanno selezionando.

SEGRETO n. 12: un utilizzo mirato e costante dei Social, a seconda del settore di attività, favorisce la fidelizzazione del cliente e contribuisce al rafforzamento del proprio brand o servizio.

Il loro modello di distribuzione e diffusione è altrettanto innovativo, in quanto i Nartistime® saranno aperti in locali selezionati, sia in Italia che all'estero, per favorire l'incontro tra l'utente e gli artisti (una fabbrica dell'arte diffusa) per le realizzazione di mini-opere su mini-tele predisposte Nartist®. In sintesi sono laboratori artistici che sostituiranno le stampe e le serigrafie in serie di disegni ideati dagli uffici creativi centrali delle aziende. L'intento è quello di rivolgersi a tutte quelle persone che non vogliono ostentare un Brand Famoso (non vogliamo/possiamo citare i maggiori esponenti della moda e del design italiano per ovvi motivi) come dettaglio sul prodotto ma decidono loro stesse il disegno e l'artista da indossare.

Nartist® apre alla creatività collettiva per andare oltre il conformismo e il consumismo promuovendo, in realtà, non un modo di "apparire" ma di "essere", del tutto personale. Come dicevamo poco sopra, i Nartistime® sono locali che ospitano ed espongono opere di artisti in modo permanente. Il primo ad aderire a quest'iniziativa di Nartist è il White Restaurant di Giovinazzo (BA) che ha accolto la proposta creando eventi artistici e culturali basati sulla partecipazione e il coinvolgimento del pubblico. La Galleria e il laboratorio artistico, sono stati inaugurati il 22 luglio scorso all'interno del ristorante e, la soddisfazione del gruppo Nartist® può dirsi davvero degna di nota dal momento che, a questo primo progetto pilota, ne seguirà prossimamente un altro. L'impegno di ciascun professionista del gruppo, infatti, ha prodotto un nuovo prossimo allestimento, questa volta a Roma, presso la White Gallery in zona Eur.

Il Dott. Nicastri ci anticipa le caratteristiche di questo evento e spiega che verrà realizzato con collaborazione dell'Osservatorio Internazionale sulla Creatività urbana "InWard" che si svolgerà a fine ottobre, con Mr.Wany, un artista contemporaneo italiano, affermatosi nella Street Art a livello internazionale. Verrà creata una performance, unica nel suo genere, che coinvolgerà molti paesi stranieri.

La creatività, quindi, è il motore principale di Nartist® che ha già in previsione un incremento della rosa di prodotti originali da proporre alla sua clientela. Sono in programmazione la creazione di nuovi modelli per abbigliamento ed accessori, ma anche per arredi e complementi; saranno realizzate infatti collezioni di borse, jeans, giacche e, appunto, inserti personalizzati per divani, poltrone, attraverso la concessione delle licenze di sfruttamento del Brevetto d'Invenzione PCT Internazionale e del Marchio alle varie aziende partner.

SEGRETO n. 13: creatività, coinvolgimento dell'utente finale e innovazione; questa la ricetta che le giovani aziende possono realizzare per uscire dalla crisi.

Chiaramente, l'espansione di questo marchio è in continua crescita, considerando che sta esponendo anche in Cina ed è per questo che ho chiesto a Francesco Nicastri, di spiegare che cosa lo soddisfa di questo particolare momento, per la sua attività e che cosa, invece, vorrebbe cambiare e/o migliorare.

La risposta è stata molto interessante perché evidenzia la chiarezza di obiettivi e l'innovazione, due componenti fondamentali per le giovani aziende. Nicastri ha sottolineato che non potrebbe essere più soddisfatto di così, in merito al suo gruppo di collaboratori che definisce, infatti, come la vera ricchezza di Nartist®, per entusiasmo e professionalità. Spiega, inoltre, che è stato per lui molto importante vedere realizzato ciò che qualche anno fa pensava potesse restare solo nella sua immaginazione; è stato bellissimo, dice, vedere gli artisti emozionati che dialogano con gli utenti che si stanno avvicinando all'arte divertiti e coinvolti. Ma soprattutto, è una grande soddisfazione aver creato un modello di distribuzione per il *valore* di un prodotto di consumo, attraverso la distribuzione del *profitto* che viene così, condiviso e partecipato: un valore etico che va oltre il lancio di semplice brand.

La forza di Nartist®, come quella di molte piccole aziende nate da un sogno personale, è quella di essere sempre tesa al miglioramento dell'idea, del prodotto finale. È attraverso questi perfezionamenti che Nartist® crea continuamente il proprio futuro.

Questa realtà imprenditoriale, questa Start Up dall'impronta totalmente italiana, ha in programma un'espansione importante per il prossimo 2014: ben 10 punti Nartistime® saranno aperti il prossimo anno, di cui 7 in Italia e 3 all'estero. Il gruppo Nartist®, che il Dott. Nicastri coordina direttamente, sta curando in modo capillare questa espansione a livello commerciale, considerando che rappresenta una delle chiavi di sviluppo molto importante per la vita dell'azienda.

SEGRETO n. 14: la *distribuzione del valore* di un prodotto o servizio e non la sola commercializzazione, è la formula giusta per attestarsi sul mercato; per convalidare questa regola, si deve utilizzare anche la *distribuzione del profitto*, di un prodotto o servizio.

Nell'esaminare la realtà attuale di questo settore, Nicastri ci parla del suo punto di vista. Secondo la sua esperienza ha potuto constatare alcuni punti fondamentali, relativi a Moda e Industria che ci riassume così:

«*Le strategie commerciali e di marketing dei principali Brand della moda attuali, puntano esclusivamente le loro azioni su grossi investimenti pubblicitari e vedono il loro cliente come "consumatore di un prodotto" facendo emergere, come esclusivo ed originale, un prodotto industriale di buona qualità per il quale il costo prevalente è quello della pubblicità. In sintesi il consumatore finale paga l'esclusività, composta solo da pubblicità e prodotto di media qualità.*

Il prodotto Nartist®, lo sottolineo, vuole trasformare l'esclusività in autentica originalità con un dettaglio d'autore, realizzato dall'artista preferito dell'utente che da "consumatore si trasforma in "ConsumAutore" e partecipa nel processo creativo pagando direttamente l'opera all'artista.
I prodotti Nartist® hanno la caratteristica di essere di ottima qualità e il prezzo finale viene distribuito come valore in modo condiviso rispettando la creatività individuale dell'utente finale. In sintesi si passa dalla "Creatività centralizzata dell'azienda" alla "Creatività Collettiva" Unica e veramente originale grazie al sistema dell'intercambiabilità che consente l'autonomia delle relazione. Nartist® è una "Nuova moda di vivere l'arte" dove la camicia potrà ospitare i dettagli di artisti di tutto il mondo con estrema facilità e senza costi per l'azienda nella personalizzazione, pertanto l'utente avrebbe il vantaggio di avere un prodotto di qualità unico ed originale con un dettaglio d'autore che acquista valore nel tempo, oltre a promuovere e sostenere il mondo dell'arte».

A questa conclusione, che preannuncia una bellissima crescita, non posso che rimandare alla visione di due video a testimonianza di come, la determinazione di una persona che desidera fortemente realizzare il proprio sogno, sia lo strumento indispensabile per tradurre questo sogno in realtà: Youtube Nartist

Ho voluto inserire, in chiusura di questo capitolo, anche un'intervista video realizzata da TGPrima nella quale, Il Dott. Nicastri, spiega in modo chiaro l'importanza del consumo etico, la sua opinione sulla cosiddetta crisi e trasmette il proprio entusiasmo, la propria forza morale di fronte allo sviluppo del progetto; ritengo che siano parole interessanti e di stimolo per chi deve iniziare un percorso imprenditoriale.

Ma, tutto l'entusiasmo di Nartist®, non potrebbe essere espresso al meglio se non fosse veicolato dall'intero Staff, così composto:

- Direzione Strategica e filosofia Nartist®: Francesco Nicastri;
- Assistenza operativa alla Direzione Strategica e coordinamento: Carmela Capozzo;
- Segreteria e amministrazione: Vito Iacobellis;
- Direzione Digital Marketing: Antonio Perfido con il suo staff;
- Commerciale: Luigi Di Lorenzo e Gaetano Marsullo;

- Coordinamento Artisti di fama Internazionale nella “Creativita Urbana”: Luca Borriello direttore Inward;
- Consulenza e coordinamento artisti di fama Internazionale nell’Arte Contemporanea per i prodotti di arredo: Prof. Enzo Cannaviello.

SEGRETO n. 15: oltre alla creatività, professionalità e competenza, l’altra componente indispensabile per fare impresa è rappresentata dalla capacità di creare uno staff ben organizzato e coeso; solo così gli obiettivi aziendali potranno essere raggiunti.

Lo staff di Nartist ® è costituito da professionisti, appassionati e votati all’innovazione. Un ringraziamento speciale, da parte mia, va al Dott. Luigi Di Lorenzo promotore instancabile ed entusiasta di questo Brand, che ha reso possibile la mia intervista.

Proseguiamo, adesso, il nostro studio sulle Start Up con una realtà diversa da quelle fin qui esaminate. Si tratta di un Coworking molto particolare: Multiverso.biz ma vediamo nel dettaglio le caratteristiche di questa giovane azienda.

RIEPILOGO CAPITOLO 3:

- SEGRETO n. 11: La ripresa dell'economia italiana, si trova nella forza delle idee, nel coraggio del singolo che vuole realizzare il proprio sogno imprenditoriale e nella inevitabile presa di coscienza delle istituzioni sugli errori che hanno commesso fino ad ora;
- SEGRETO n. 12: Un utilizzo mirato e costante dei Social, a seconda del settore di attività, favorisce la fidelizzazione del cliente e contribuisce al rafforzamento del proprio brand o servizio.
- SEGRETO n. 13: Creatività, coinvolgimento dell'utente finale e innovazione; questa la ricetta che le giovani aziende possono realizzare per uscire dalla crisi.
- SEGRETO n. 14: La distribuzione del valore di un prodotto o servizio e non la sola commercializzazione, è la formula giusta per attestarsi sul mercato; per convalidare questa regola, si deve utilizzare anche la distribuzione del profitto, di un prodotto o servizio.
- SEGRETO n. 15: Oltre alla creatività, professionalità e competenza, l'altra componente indispensabile per fare impresa è rappresentata dalla capacità di creare uno staff ben

organizzato e coeso; solo così gli obiettivi aziendali potranno essere raggiunti.

CAPITOLO 4:

Multiverso ©: non solo coworking

«*Hai tutte le ragioni di questo mondo per realizzare i tuoi sogni più grandi. L'immaginazione legata all'innovazione porta alla realizzazione*».

Denis Waitley

Sono giovani, con mille idee e tanta voglia di realizzarle. Sto parlando dello Staff di Multiverso.biz, una Start Up nel vero senso della parola. Ho avuto la possibilità di parlare personalmente con uno dei soci fondatori di Multiverso, Omar Rashid una persona entusiasta e propositiva che ha saputo mettere a frutto le proprie esperienze e stimolare i suoi collaboratori in modo concreto fino a creare la "realtà Multiverso" un luogo molto particolare che andremo a scoprire tra poco.

La formazione di Omar può contare su numerose competenze, come leggiamo sul suo profilo: public relation, merchandising e fashion design, viral marketing e web communication. Sono state le sue esperienze di studio e lavoro presso il Polimoda di Firenze, la Givenchy a Parigi e Zoo York a New York, che lo hanno formato e motivato, al suo rientro in Italia, a ricercare il modo di ricostruire quell'impostazione dell'idea di "lavoro" che ha potuto sperimentare in questi contesti.

La situazione lavorativa che ha potuto vivere in New York lo ha talmente entusiasmato da ispirargli un sogno: quello di riuscire a riformulare lo stesso tipo di struttura anche in Italia, con Multiverso. La possibilità di riuscire a concretizzare quest'idea, l'aveva già sperimentata con la realizzazione di GoldWorld. Con GoldWorld, Omar, ha voluto trasferire la sua esperienza e la passione per i graffiti e la street life del suo percorso newyorkese, nella realtà fiorentina, per la verità un po' sopita, cercando di stimolarla con imput diversi, con un'impostazione che coinvolgesse il più possibile il pubblico. Ed è così che si crea valore aggiunto nelle idee imprenditoriali.

SEGRETO n. 16: trasferire le proprie esperienze, le proprie passioni personali nella realizzazione di un'idea e condividerle

con gli altri, creando nuovi stimoli è il modo più indicato per dare vita progetti vincenti.

Fermamente convinto della validità del sistema "meritocratico" e del fatto che "l'unione fa la forza", Omar ha focalizzato le sue energie, assieme ai suoi collaboratori, per fare in modo che, anche in questo caso, la sua esperienza americana potesse essere messa a frutto nella realizzazione del progetto Multiverso. Il suo intento era quello di innestare, in un contesto "ingessato" come quello dell'economia attuale, un approccio diverso, un criterio che si avvicini di più alla norma esistente in tutta Europa per quanto riguarda il mondo del lavoro giovanile. In Multiverso, l'unione fa la forza e non solo.

Alla mia domanda su come sia nata la sua idea per questa Start Up, Omar risponde dicendo che, per lui, si tratta di una diretta conseguenza delle realtà che già aveva creato con il suo staff operativo e cioè di GoldWorld, Switch, Logic Club e Zone Future, tutti luoghi di aggregazione che lo avevano visto impegnato nell'espandere questo nuovo modo di creare valore aggiunto col lavoro.

L'idea di condividere uno spazio era, perciò, divenuta quasi una necessità, tenendo conto anche della realtà Europea che chiedeva di stare al passo con i tempi: il coworking è stata una diretta conseguenza di queste considerazioni.

Come tutte le novità, e Multiverso ne ha proposte molte come vedremo, ha inizialmente trovato resistenze da parte della clientela finale, che ancora non ne comprendeva l'importanza. La home del sito ufficiale di Multiverso racchiude, in tre frasi, l'intero concetto della mission del gruppo di coworker che l'hanno realizzata.

Troviamo, infatti, queste semplici affermazioni sulla testata del sito. La prima è: *«Multiverso è una rete toscana di coworking realizzata attraverso l'acquisizione, la trasformazione e la gestione di open space».* Questa specifica, denota la forte volontà del gruppo di creare il maggior numero di spazi realizzati con i criteri di condivisione, di cooperazione e di interazione sul modello Multiverso, in modo da consentire a più persone di poter usufruire di questo tipo di realtà, così importante per chi deve affacciarsi al mondo del lavoro.

SEGRETO n. 17: i coworking sono una fucina di idee, agevolano il singolo nel reperire gli strumenti che gli occorrono per svolgere il proprio lavoro e sono, al tempo stesso, spazi perfetti per creare sinergie e collaborazioni.

La seconda recita così: *«La cifra distintiva del progetto è l'impegno nella cura della community che abita lo spazio e la promozione delle professionalità che essa esprime».* In questo modo, Multiverso, oltre che polo aggregante di creatività, risulta essere un vero e proprio motore per lo sviluppo delle attività presenti che hanno aderito al progetto. L'intenzione è quella di mettere a frutto le competenze dei coworker che aderiscono al circuito, per costruire un team di lavoro che sia in grado di vendere servizi conto terzi.

Si va ben oltre, quindi, del solo prendere in affitto una postazione. Si tratta, infatti, di entrare in un'ottica più ampia, ossia di partecipare a un network in cui si lavora per rimettere in moto energia e pensieri, dove la condivisione di competenze diventa un modo nuovo di fare impresa, accogliendo e dando voce alle nuove generazioni bloccate da politiche sbagliate e costrette al palo da troppe difficoltà che incontrano nel realizzare le proprie idee.

Ed ecco la terza frase della home: «*Le relazioni sono improntate alla condivisione delle conoscenze e allo scambio di competenze come moltiplicatori di creatività e opportunità lavorative*». Se vogliamo, questa è un'ulteriore conferma dello schema operativo che Multiverso ha collaudato e che può definirsi, a tutti gli effetti, un'impresa "collettiva".

Naturalmente, per realizzare tutto questo è stato necessario molto impegno, molta determinazione e soprattutto, la cosa più difficile da trovare: il coraggio. Per fare in modo che gli sforzi profusi diano ottimi risultati, bisogna che l'obiettivo sia comune ma soprattutto condiviso e fortemente sostenuto da tutti i componenti. Qualcuno si è domandato il perché sia stato chiamato "Multiverso". La risposta, tra l'altro contenuta in una F.A.Q del sito, lo spiega in modo più che esauriente: «*Multiverso: multidisciplinare e multifunzionale. Si ispira alla teoria M, ovvero che non esista un unico universo, ma molti universi paralleli. Noi costruiamo le connessioni per una nuova cultura del lavorare, dell'inventare e del fare*».

L'obiettivo di Multiverso era quello di costruire un circuito di lavoro comune a livello regionale e una rete di luoghi fisici e servizi logistici per i professionisti del terziario avanzato, oltre ad essere un riferimento per i giovani creativi. Multiverso è stato inaugurato nel 2012 e, in fase di sviluppo del progetto, ha ovviamente preparato un business plan accurato, puntando sulla condivisione del valore.

SEGRETO n. 18: i coworker di tutto il mondo, condividono molto più di una postazione comune; in realtà ciascuno mette a disposizione le proprie competenze per lo sviluppo di un progetto creativo facilitando sinergie, collaborazioni e scambi professionali dando, così, una risposta efficace e concreta alla crisi.

Come tutte le giovani start up, hanno provato ad accedere al credito ma, dal momento che l'idea di coworking in quel momento era innovativa e trovava difficoltà nell'essere accettata, sono stati costretti ad *autofinanziarsi*.

La sede di Multiverso a Firenze era, in origine, una fabbrica di lampadari. La vecchia costruzione è stata ristrutturata e così, i 600 metri quadri dell'open space, sono diventati una "fabbrica di idee" collettiva. A pieno regime, questo coworking può ospitare anche 40 persone a livello operativo; i locali, infatti, sono organizzati in modo eccellente tanto che contengono: le postazioni internet, una sala riunioni, un front office con segreteria, dove chi aderisce al progetto può gestire e promuovere la propria attività, una sala post produzione audio/video, un punto ristoro e sala rappresentanza dove poter ospitare i propri clienti.

Ed è proprio grazie all'adesione di figure diverse di professionisti che Multiverso può proporre e proporsi con servizi a 360° per la comunicazione, l'information e communication technology, oltre che per l'organizzazione di eventi e la realizzazione di prodotti per l'editoria. Il progetto è così ben riuscito che Multiverso ha fatto il "BIS". In giugno ha aperto e inaugurato un nuovo open space, questa volta a Lucca.

Multiverso Sede di Lucca

L'accesso al Polo Tecnologico Lucchese, rappresenta un nuovo successo per Multiverso che ha visto le proprie potenzialità espandersi in modo consistente. Dopo l'apertura della sede in Firenze nel 2012 e quella di Lucca nel giugno 2013, si avvicinano, adesso, le prossime inaugurazioni per Siena e Arezzo, portando il circuito Multiverso ad assumere una dimensione regionale.

Nella seconda metà del 2011, gli aderenti al coworking Multiverso erano circa una trentina. Nel 2012 erano già raddoppiati e adesso ammontano a circa un centinaio. La forza della struttura è racchiusa in una delle regole principali cui si ispira la realtà Multiverso: quella che ritiene utile la condivisione delle opportunità che nascono all'interno di una rete in continuo sviluppo. La veloce e articolata crescita di Multiverso fornisce, inoltre, risposte concrete a una domanda sempre più diffusa: in che modo aiutare tutti coloro che aprono una partita iva e iniziano a confrontarsi con le problematiche della libera professione ad uscire dall'isolamento?

Parliamo di una scelta che il nuovo imprenditore fa, dettata dal coraggio di credere in se stesso e nelle proprie competenze, ma spesso è anche il risultato di decisioni obbligate che nascono dalle limitazioni di un mercato bloccato e in forte crisi.

La nuova sede Multiverso di Lucca è una dimensione regionale che può testimoniare l'inserimento in un circuito che già conta oltre 60 professionisti. Tutto questo rappresenta un'opportunità concreta e uno strumento utile per chi opera su questo territorio e la vasta zona del nord della Toscana, sia per il suo apporto di relazioni e contatti commerciali, sia per l'installazione logistica messa a disposizione: aderendo a Multiverso Lucca, infatti, si potrà usufruire di tutte le sedi toscane del circuito per ricevere clienti, programmare iniziative e quant'altro.

Nei prossimi mesi Multiverso Lucca collauderà partnership e convenzioni con molte delle realtà pubbliche e private visibili sul territorio che si occupano di formazione e promozione delle nuove professioni. Già nel mese di giugno era stato realizzato un incontro informativo sulle nuove tecnologie, le strategie di finanziamento per startup e l'avvio d'impresa.

Multiverso, lo ribadiamo, è nato da un'idea di quattro giovani imprenditori fiorentini: Antonio Ardiccioni e Silvia Baracani dell'Associazione Switch, Niccolò Pecorini di Zone Future e Omar Rashid di GoldWorld. Oltre agli ideatori di questo progetto, sono anche i fondatori della società Back s.a.s che gestisce il locale sede di Multiverso. Nota assolutamente atipica, per questo genere di progetti e assolutamente degna di nota è che, il "marchio" Multiverso, è libero; non ha e non avrà "proprietari", rimarrà un "bene comune" e, nei progetti futuri, c'è la creazione di un web magazine per informare sul precariato e altri argomenti utili alle nuove generazioni.

SEGRETO n. 19: partnership, convenzioni, collaborazioni con le realtà locali, sia pubbliche che private, sono le strategie di posizionamento sul mercato per una giovane Start Up.

L'impegno di questi giovani, la loro determinazione e la fiducia nella bontà delle loro idee e del servizio che hanno creato a favore dei propri coetanei e non, è frutto di sacrifici personali. Hanno sperimentato sulla propria pelle, l'impossibilità di accedere al credito poiché spesso, nella situazione economica attuale, le realtà di autopromozione, vengono messe nell'impossibilità di agire, a cominciare proprio dall'accesso al credito.

Ma, nonostante gli ostacoli, non si sono dati per vinti. Hanno avuto la fortuna di poter mettere a disposizione della loro idea, i loro risparmi e quelli dei genitori. È grazie a questa possibilità, alla determinazione e alla loro passione che Multiverso è nato ed ha prodotto quel *valore aggiunto* che sta aiutando tanti altri giovani a entrare sul mercato del lavoro con le loro competenze e la loro creatività. Come sempre, l'unione fa la forza. Questi quattro giovani, esperti in nuove tecnologie e al passo con tutto ciò che è innovazione hanno utilizzato, per promuoversi nel modo migliore, prima di tutto l'apertura del coworking al pubblico, e poi hanno istituito un ufficio stampa interno coinvolgendo, contemporaneamente i Social Network.

Per rendere la visibilità più incisiva, hanno realizzato anche degli eventi ad hoc, visto che tutti i soci, prima di Multiverso, collaboravano proprio nella realizzazione di eventi. Da lì il passo è stato breve; è stato il passaggio naturale per coinvolgere un maggior numero di persone. Periodicamente, inoltre, organizzano degli "open day", dove il pubblico può visitare gli spazi, assistere alla presentazione dei servizi e conoscere gli aderenti al progetto; una buona opportunità per le imprese che fanno parte del circuito, di farsi conoscere.

Ma Multiverso non è solo coworking. Nella sua struttura si condividono anche le conoscenze, le competenze. I fondatori hanno dato luogo a sinergie collaborative con soggetti esperti nei campi più importanti di applicazione dell'ITC.

Hanno istituito una piattaforma che struttura la formazione in modo ampio e articolato. I giovani creativi che entrano a far parte di questo gruppo imprenditoriale, trovano tutto ciò che può essergli utile per crescere personalmente e professionalmente. La formazione, la crescita professionale, la messa in comune di competenze e conoscenze sono uno sviluppo naturale del progetto da cui nasce Multiverso, un risultato della convinzione che la rete, la condivisione e la confluenza siano l'unica via per incrementare pienamente la creatività delle nuove professioni.

Consapevoli dell'importanza di dare il proprio contributo a chi si affaccia per la prima volta sulla complessità della realtà imprenditoriale italiana, hanno istituito un Corso sulla creazione di una Start Up che ha l'intento di fornire tutti gli strumenti idonei alla perfetta riuscita di un progetto. Anche questa iniziativa rientra in quella fascia di valore aggiunto che, i fondatori di Multiverso, hanno così fedelmente rispettato sin da quando hanno stilato la loro mission iniziale.

Al momento attuale si dicono contenti di quello che sono riusciti a creare ma, come dice Omar Rashid:

«*Siamo soddisfatti ma si può assolutamente migliorare! L'obiettivo è espanderci in Toscana e diventare un punto di riferimento per tutto ciò che riguarda la condivisione. La mission di Multiverso è, prima di tutto, vedere connessioni là dove non esistono ancora!*»

E dalla realtà "Multiverso" passiamo adesso a esaminare un'altra Start up che possiamo definire 2.0. Si tratta di WebRevolution, creata da Bonaventura di Bello. Vediamo meglio le caratteristiche di questa giovane azienda.

SEGRETO n. 20: la formazione, la crescita professionale, la messa in comune di competenze e conoscenze, portano al corretto sviluppo di un progetto; la condivisione e la confluenza sono l'unica strada per incrementare pienamente la creatività delle nuove professioni.

RIEPILOGO CAPITOLO 4:

- SEGRETO n. 16: Trasferire le proprie esperienze, le proprie passioni personali nella realizzazione di un'idea e condividerle con gli altri, creando nuovi stimoli, è il modo più indicato per dare vita progetti vincenti.
- SEGRETO n. 17: I coworking sono una fucina di idee, agevolano il singolo nel reperire gli strumenti che gli occorrono per svolgere il proprio lavoro e sono, al tempo stesso, spazi perfetti per creare sinergie e collaborazioni.
- SEGRETO n. 18: I coworker di tutto il mondo, condividono molto più di una postazione comune; in realtà ciascuno mette a disposizione le proprie competenze per lo sviluppo di un progetto creativo facilitando sinergie, collaborazioni e scambi professionali dando, così, una risposta efficace e concreta alla crisi.
- SEGRETO n. 19: Realizzare partnership, stabilire convenzioni, creare collaborazioni con le realtà locali, sia pubbliche che private, sono le strategie indispensabili per una giovane Start Up che voglia posizionarsi sul mercato.
- SEGRETO n. 20: La formazione, la crescita professionale, la messa in comune di competenze e conoscenze, portano al

corretto sviluppo di un progetto; la condivisione e la confluenza sono l'unica strada per incrementare pienamente la creatività delle nuove professioni.

CAPITOLO 5:
WebRevolution ©: innovazione per il Web

«*L'innovazione è ciò che distingue un leader da un follower*».

Steve Jobs

Entriamo adesso nell'ambito specifico dell'operatività sul web. Per un'azienda che desideri realmente stare al passo con i tempi, è obbligatorio essere presente su Internet. Ma, la sola presenza in Rete, non è certamente sufficiente a garantire visibilità e posizionamento ottimale sui motori di ricerca, condizione indispensabile affinché l'azienda sia raggiunta dai potenziali clienti. Essere nelle prime posizioni, sulle pagine dei risultati di ricerca, è quindi un imperativo. Negli ultimi anni, gli algoritmi di Google si sono raffinati al punto da diventare più che esigenti in merito alla coerenza tra le parole chiave di un sito, i suoi contenuti e la sua intera struttura. Intensificare il livello di qualità dei criteri di selezione da parte del principale motore di ricerca ha prodotto, come conseguenza naturale, la necessità di acquisire maggiori competenze sull'argomento o, quanto meno, l'esigenza di avvalersi di servizi professionali che svolgano al meglio questa funzione.

La "Rete", si sa, è come un oceano in cui è possibile trovare qualunque tipo di informazione, tutti i software che possono essere utili ed una vastissima gamma di tutorial per eseguire pressoché tutto quello vogliamo fare. Questo è solo un lato della medaglia; il rovescio è che, spesso, le informazioni corrette e professionalmente valide si confondono in mezzo ad altre di qualità scadente e poco attendibili. Vi sono due modi per ovviare a questo inconveniente: il primo è quello di imparare in prima persona a gestire queste competenze, cercando il giusto canale per la propria formazione; il secondo è quello di affidarsi a professionisti che possano gestire al meglio le necessità dell'azienda.

In questo capitolo ci occupiamo di Web Revolution©, una Start Up che ha cercato di riunire questi due aspetti, formazione e consulenza, realizzando un servizio innovativo. Vediamo nel dettaglio di che cosa si tratta.

Web Revolution© nasce come sintesi di un percorso durato diversi anni lungo il quale, Bonaventura Di Bello, titolare della Start Up, ha raccolto, insieme al suo staff, esperienze e feedback molto interessanti sulla comunicazione digitale e sulla sinergia fra online e offline.

SEGRETO n. 21: la sola presenza su Internet non garantisce a un'azienda il successo del proprio business; per trarre vantaggio dalla Rete, occorre conoscere e applicare delle strategie ben precise.

L'obiettivo di questa ditta, quindi, è principalmente quello di fornire, a chiunque lo richieda, quegli strumenti che spesso risultano inaccessibili per il modo in cui vengono offerti, tanto per i costi quanto per le modalità di 'erogazione'. Ci riferiamo, qui, ai servizi come quelli tipici del marketing online, alla creazione, gestione e ottimizzazione di contenuti per il Web, all'integrazione dei social media e dei digital media nella promozione di un marchio, di un'attività o di un prodotto.

Quando oggi si parla di web e azienda, è inevitabile collegare questi due termini alla parola "brand", ossia "marchio". Il brand, se originale e di impatto strategico è un buon biglietto da visita per l'azienda. Lo sviluppo inarrestabile di Internet, la massa di informazioni che giornalmente vengono riversate in rete, rende necessaria un' attenta selezione nella scelta del proprio partner aziendale. Chi ricerca prodotti o servizi in rete ha, pertanto, l'esigenza di scegliere nel modo giusto per potersi affidare in sicurezza a professionisti di comprovata competenza ed elevati standard di risultato. Per questo motivo è importante, per le aziende che erogano questo tipo di servizi, essere visibili, comunicare in modo chiaro e professionale le proprie abilità e documentare in modo il più esaustivo possibile il proprio portfolio lavori.

Web Revolution© ha puntato la propria attenzione su queste esigenze delle imprese e dei singoli, facendone il proprio obiettivo professionale: fornire un servizio completo, di alta qualità e in continuo aggiornamento. Si rivolge a chi desidera emergere e vuole promuovere il proprio brand personale o aziendale. Non si limita, però, a offrire soltanto tali servizi, perché l'intento è quello di fornire a chi lo desidera ed intende usarli, gli stessi strumenti che Web Revolution© impiega, permettendo al cliente una completa autonomia nel gestirli ed applicarli a qualsiasi attività. In buona sostanza, si tratta del principio secondo cui «è più utile insegnare a pescare piuttosto che sfamare con del pesce!»

SEGRETO n. 22: creare valore aggiunto per l'utente finale significa concorrere alla sua autonomia operativa; spesso, la fidelizzazione forzata, risulta controproducente.

Ho chiesto a Bonaventura Di Bello, quali sono stati i criteri che lo hanno spinto a creare Web Revolution©. La sua risposta ha riassunto, a mio avviso, tre concetti importanti che chi decide di utilizzare la Rete per creare una Start Up, dovrebbe assolutamente tenere in considerazione.

Il primo è quello di raccogliere e organizzare i feedback ricevuti da clienti e utenti, in modo da tarare al meglio il servizio offerto; il secondo è la precisione e la chiarezza (sul modo migliore di fornire determinati servizi); il terzo è il perfezionamento costante dei servizi offerti con l'integrazione di quanto è necessario per soddisfare le esigenze della clientela.

Web Revolution© è nata solo nella primavera del 2013, ma si è attestata da subito come riferimento di qualità nel suo settore di competenza, proprio per la cura dei servizi e l'attenzione per tutto ciò che può migliorare l'operatività dei propri clienti.

Anche a Web Revolution© abbiamo chiesto se, e in che misura, hanno incontrato difficoltà nella fase iniziale di realizzazione della Start Up. La risposta che ci è stata data, raccoglie la descrizione di alcuni aspetti che sono di interesse comune e che, pertanto, possono senza dubbio aiutare tutti coloro che stanno pensando di aprire una ditta.

Bonaventura Di Bello ci spiega che la prima difficoltà in assoluto, incontrata da Web Revolution©, è stata quella relativa alla definizione dei costi di ogni tipologia di servizio. Questo perché, pur confrontandosi con i prezzi del mercato e con la concorrenza, dovevano mantenere un livello di utile che non fosse tanto basso da rendere anti-economica la loro strategia di mercato.

Purtroppo i regimi fiscali italiani, e su questo possiamo concordare tutti, non incoraggiano chi si sforza di applicare una filosofia di economicità dei prezzi, in quanto viene penalizzato proprio il reddito medio-basso e, molte aziende di commercio e servizi, si ritrovano con gli utili erosi dalla tassazione dovendo, così, imparare in fretta a incorporare forzatamente la loro alta percentuale di imposte nei prezzi stessi, nello sforzo di rispettare i loro obblighi verso il fisco.

Per evitare che tutto ciò andasse a pesare sull'investimento dei loro clienti e utenti, Web Revolution© ha adottato un'altissima trasparenza nei prezzi dei servizi e dei prodotti (questi ultimi in gran parte digitali) permettendo al proprio pubblico e alla propria clientela di valutare rapidamente e facilmente il rapporto fra costi e prestazioni così come fra qualità e prezzo. Quindi grande trasparenza e professionalità.

La seconda difficoltà ha riguardato, proprio alla luce di quanto appena descritto, l'individuazione di un tipo di comunicazione che permettesse anche e soprattutto ai 'non addetti' di comprendere il tipo di utilità offerte e la loro importanza ed efficacia ai fini del risultato commerciale e professionale. Spesso chi propone il genere di servizi e di prodotti offerti da Web Revolution© si trova di fronte a una terminologia e un linguaggio che volutamente non lascia spazio alla comprensione chiara di quanto si sta per acquistare e della sua relazione con i risultati che si vuole e si può ottenere attraverso tali prestazioni.

Web Revolution© ha voluto e dovuto, dice Bonaventura Di Bello, superare proprio questa barriera, anche per conquistare una meritata fiducia da parte dei propri clienti; ci spiega che, l'ingresso sul mercato di una Start Up di questo tipo, ha senza dubbio necessità di un'ottima previsione ma non è stato necessario preparare un vero e proprio business plan. In realtà è stata messa a punto una semplice valutazione dei rischi e dell'impegno nella realizzazione del progetto e nella sua gestione.

Trattandosi della cooperazione fra professionisti già affermati nei vari settori e basandosi su un ampio bacino di risorse esterne con un'outsourcing di tipo internazionale, hanno infatti potuto auto-finanziarsi e non c'è stato bisogno di ricorrere a credito di alcun tipo.

Anche per Web Revolution© i social hanno avuto un ruolo significativo; grazie alle loro rispettive abilità nel marketing, nella comunicazione e nella SEO (ottimizzazione dei contenuti per i motori di ricerca) hanno potuto promuovere l'attività attraverso una serie di canali offline e online creando anche una sinergia fra i due mondi.

I social hanno certamente dato il loro contributo grazie soprattutto alla popolarità che, alcuni membri dello staff, avevano già sulle diverse piattaforme, derivante da una comunicazione già in atto da molto tempo e in grado di raggiungere facilmente un pubblico molto vasto.

A supportare le strategie di promozione che ci descrive, Web Revolution© sta pianificando una serie di eventi dal vivo tanto online quanto offline, dove applicherà quelle filosofie di divulgazione e sensibilizzazione che gli stanno a cuore e grazie alle quali il pubblico di imprenditori, professionisti e aspiranti tali può allargare i propri orizzonti sulle opportunità che il digitale e la Rete offrono in qualunque settore.

Web Revolution© è un'azienda giovane, alla quale chiediamo le proprie impressioni in merito al suo ingresso sul mercato e, per quanto sia nata da pochi mesi, una valutazione su quello per cui si ritengono soddisfatti oltre a che cosa, invece, cambierebbero.

In questo momento, Web Revolution©, risulta particolarmente impegnata nella strutturazione e semplificazione delle proprie offerte, che sono davvero tante, per ottimizzare i servizi proposti. Lo staff è particolarmente soddisfatto del rapporto che si è instaurato con pubblico e clienti, ma si sta organizzando per concentrarsi molto di più nel fornire a tutti le competenze e gli strumenti che loro stessi utilizzano.

Vogliono svincolare così i loro utenti dalla necessità di un rapporto diretto e continuativo, pur mantenendo e promuovendo gli aspetti più positivi e sinergici di questo rapporto. In poche parole si stanno orientando verso un'attività più formativa che di consulenza, più divulgativa che di fornitura, per esempio preferiscono guidare i clienti che hanno bisogno di creare o ristrutturare un sito Web verso una realizzazione autonoma dello stesso, magari formando una loro risorsa interna, e fornire in seguito eventuali ulteriori servizi formativi che soddisfino specifiche esigenze, piuttosto che limitarsi a realizzare essi stessi il sito per il cliente. In questo modo non solo gli permettono di dimezzare i costi, ma evitano di legarlo all'azienda per ogni successiva esigenza.

In questo Web Revolution© è certamente originale: non tenta di fidelizzare il cliente, anzi, cerca di creare quel valore aggiunto troppo spesso disatteso a favore del solo aspetto economico. Lo staff di questa singolare Start Up sa bene che questa filosofia può far inorridire qualunque agenzia di servizi 'tradizionale', ma non a caso Web Revolution© ha avuto come obiettivo principale proprio quello di rompere una tradizione che molto spesso produce nei clienti sfiducia e delusione piuttosto che soddisfazione.

Proprio sulla base di quanto hanno fin qui affermato, questi professionisti del Web stanno strutturando la proiezione ad un anno per formulare al meglio l'offerta alla clientela. Ho avuto l'autorizzazione a esporre il loro programma operativo. Giustamente fanno notare che, in un anno, possono accadere molte cose, soprattutto in un settore in rapida evoluzione come quello dei servizi legati alla Rete e alla comunicazione digitale. Possono comunque già prevedere su quali canali si evolveranno i loro servizi nel processo di ottimizzazione, che sono i seguenti:

- mini-corsi e lezioni 'on demand' in presenza (offline) o a distanza (online), sia dal vivo che 'in differita', destinati a singoli o gruppi, mirati a soddisfare esigenze specifiche piuttosto che coprire intere tematiche come accade con la didattica tradizionale;

- siti e blog 'chiavi in mano' per webmaster e non, pronti per essere completati con i contenuti desiderati ma completamente ‘aperti’ e non rigidi e blindati come quelli che spesso vengono proposti da noti marchi attraverso pressanti campagne pubblicitarie; in questi siti sono compresi portali specializzati e applicazioni Web (per es. siti di annunci, servizi di prenotazione servizi a orario, siti 'verticali' per attività specifiche come quelle immobiliari, della ristorazione, ecc.); i siti e i blog, inoltre, sono predisposti per la SEO e protetti dagli attacchi telematici;
- workshop full-immersion (generalmente nel weekend, ma non solo) per acquisire, in poche ore di studio e pratica, competenze utili nel mondo professionale su argomenti come la creazione di siti dinamici e blog di nuova generazione, il marketing e il self-marketing, la scrittura e l’auto-pubblicazione, il copywriting e la SEO, l’efficienza e produttività personale e la gestione dello stress, e così via,

insomma volti a fornire a chiunque gli strumenti che possono migliorare tanto l'aspetto professionale quanto quello esistenziale;

- servizi di creazione rapida, elaborazione, ottimizzazione e gestione di contenuti di testo e multimediali (contenuti redazionali per stampa e Web, audio e musica, video, presentazioni, ecc) per chi ha bisogno di migliorare la propria comunicazione e vuole ottenere dei contenuti di qualità per il suo 'canale' o 'contenitore', qualunque esso sia;

Da questa previsionale si ricava che, Web Revolution©, ha chiaramente definito e circoscritto il proprio iter operativo per i prossimi mesi, dando maggiore forza al proprio focus imprenditoriale. Ma non solo. L'aspetto che per noi risulta ancora più importante è che, nelle nuove iniziative in fase di attuazione, è presente una volontà ben precisa di questa giovane Start Up. Una volontà che, ancora una volta, aggiunge valore all'impegno e agli sforzi di persone positive e propositive; è il "valore aggiunto" di chi lavora con passione coniugando ogni giorno le proprie competenze con la creatività, l'innovazione e la professionalità, allo scopo di vedere crescere non solo il proprio vantaggio personale ma anche, e soprattutto, la soddisfazione di aver creato qualcosa che sia di utilità per tutti. Questa volontà, per Web Revolution©, è quella di coinvolgere nel loro progetto un numero sempre maggiore di professionisti e soprattutto dare la possibilità di parteciparvi attivamente a chi si dimostrerà più attivo ed entusiasta fra i destinatari delle loro attività formative.

Ciò non è inteso come ricerca di apprendisti o stagisti ma come volontà di offrire a un numero sempre maggiore di nuovi professionisti (ma anche a chi già opera in determinati settori), gli strumenti per promuovere e fornire i propri servizi tanto in ambito locale quanto in un'area geografica maggiore grazie all'universalità della Rete.

SEGRETO n. 23: le nuove Start Up hanno a disposizione uno strumento potentissimo: la Rete; saperla utilizzare al meglio può decretare il successo di un'idea, aumentando il numero di persone alle quali far giungere il proprio prodotto/servizio.

Nell'ambito di quest'obiettivo, Web Revolution© sta valutando la possibilità di fornire, ad altri professionisti, una piattaforma attraverso cui erogare facilmente servizi, consulenze e didattica a distanza, gestendone perfettamente i tempi e i modi e permettendo ai clienti e agli utenti di prenotare servizi specifici in modo automatico, secondo la disponibilità dei rispettivi fornitori.

SEGRETO n. 24: internet favorisce sinergie, partnership e collaborazioni, non solo per le aziende ma anche per i professionisti che possono trovare un terreno fertile per i propri progetti.

Di rito, al termine di queste interviste, rivolgiamo una domanda all'imprenditore, in modo da comprendere al meglio lo spessore del servizio offerto. Anche Web Revolution© ha dato la sua risposta per mezzo del suo fondatore, Bonaventura Di Bello che riporto fedelmente:

«Il mio percorso professionale è, da tre decenni, basato sulla passione per la divulgazione e sull'abilità di semplificare al massimo quanto viene comunicato e insegnato. L'ho

dimostrato con strumenti e contenuti che hanno spesso precorso i tempi, in particolare la formazione in forma digitale e a distanza (e-learning e FAD) che oggi è molto più fruibile ed efficace rispetto a quando iniziai a impiegarla nel settore della stampa e del digitale, circa vent'anni fa. Posso dire che questa passione è condivisa appieno da tutti i miei collaboratori, così come all'unanimità condividiamo il desiderio di rendere accessibili a un numero sempre maggiore di persone quegli strumenti che possono migliorare un'attività professionale e commerciale, una carriera e la vita stessa. Web Revolution© è nata per aiutare ogni imprenditore, professionista o aspirante tale a superare le barriere imposte dai costi e dalle metodologie tradizionali, dove l'aspetto commerciale si sovrappone a quello umano fino a spersonalizzare il rapporto fra cliente e fornitore. Per questo motivo il nostro rapporto con utenti, pubblico e clienti è, e sarà sempre, improntato sulla massima chiarezza e interazione, pur proseguendo nell'obiettivo di dare quell'autonomia che solo una corretta formazione e informazione può garantire alla nostra clientela».

Ben poco si può aggiungere a questo estratto. Dietro questa linea di condotta, questa proiezione imprenditoriale, sono presenti valori che vanno oltre la soddisfazione del solo fare business o del profitto.

È fortemente presente un senso etico, l'intenzione di una piena condivisione che non teme nessun tipo di sterile utilitarismo. Parliamo di "impresa etica", tanto rara in questo momento, quanto sempre più ricercata dalle persone, radicata nel sentimento che esige una riforma del mondo del lavoro e che, a tutti noi, porterebbe un poco di fiducia in più sia nel singolo che nelle istituzioni, se queste si prendessero la responsabilità di sostenere gli sforzi dei cittadini. Ezra Pound dice: «Non puoi fare una buona economia con una cattiva etica».

SEGRETO n. 25: il senso etico, la volontà di condividere e la cura alle esigenze della persona sono, insieme all'ascolto attento delle sue esigenze, la chiave per ottenere risultati eccellenti da un progetto.

RIEPILOGO CAPITOLO 5:

- SEGRETO n. 21: La sola presenza su Internet non garantisce a un'azienda il successo del proprio business; per trarre vantaggio dalla Rete, occorre conoscere e applicare delle strategie ben precise.
- SEGRETO n. 22: Creare valore aggiunto per l'utente finale significa concorrere alla sua autonomia operativa; spesso, la fidelizzazione forzata, risulta controproducente.
- SEGRETO n. 23: Le nuove Start Up hanno a disposizione uno strumento potentissimo: la Rete; saperla utilizzare al meglio può decretare il successo di un'idea, aumentando il numero di persone alle quali far giungere il proprio prodotto/servizio.
- SEGRETO n. 24: Internet favorisce sinergie, partnership e collaborazioni, non solo per le aziende ma anche per i professionisti che possono trovare un terreno fertile per i propri progetti.
- SEGRETO n. 25: Il senso etico, la volontà di condividere e la cura alle esigenze della persona sono, insieme all'ascolto attento delle sue esigenze, la chiave per ottenere risultati eccellenti da un progetto.

Conclusione

L'indagine oggetto di questo corso è nata con l'intento di dare al lettore, strumenti, esempi reali di strategie a livello imprenditoriale e spunti per l'innovazione nell'impresa. La situazione economica italiana e, in alcuni casi anche internazionale, è desolante.

Siamo tutti ben coscienti che non sia semplice riuscire a ideare, creare e far crescere un'azienda, specie dopo la continua emorragia di chiusure per ogni tipo di attività a causa della pressione fiscale e di tutte le gravi problematiche che le schiacciano. Ciò non toglie che, alcune persone, riescano a credere fortemente in una possibile ripresa, in una risalita della corrente. Lo fanno quotidianamente, con impegno e dedizione pur assistendo, a volte, allo scempio delle risorse pubbliche e al saccheggio di questo Paese da parte di individui senza scrupoli. Il Paese, dunque, ha una risorsa preziosissima: le idee creative dei suoi cittadini. Senza queste idee, senza questa creatività, senza questa tenacia e focalizzazione sulla qualità dell'impresa, non può esserci alcuna ripresa concreta dell'economia.

In un mercato saturo, dove l'offerta supera la richiesta, l'utente finale si avvia a ricercare una qualità diversa, più rispondente alle sue esigenze di fondo, meno "commerciale". Gli imprenditori protagonisti di queste interviste, hanno sviluppato un concetto di "economia etica" molto importante. Tutti quanti hanno cercato di rispondere alle esigenze precise delle persone; ciascuno di loro ha fatto della condivisione la propria qualità di riferimento, per creare sinergie, arricchire di scambi e di creatività il proprio lavoro. Tutti quanti sono lavoratori coscienziosi, presenti, attivi, attenti e in continuo rinnovamento per stare al passo con le innovazioni che loro stessi, poi, incrementano in modo creativo. Questo significa "esserci", essere testimonianza di una volontà positiva e propositiva che non accetta di gettare la spugna e neppure pretende di ottenere vantaggi senza contribuire alla crescita di tutti: per l'appunto, un atteggiamento e uno stile di vita che può essere definito solo "etico".

Da queste interviste ho imparato molto, ho ottenuto una visione più chiara e una spinta a costruire piuttosto che a radere al suolo, come potrebbe accadere in casi di estrema crisi. Se questa recessione ha mietuto molte vittime, è anche perché non sono stati potenziati i criteri sociali che erano in sofferenza già da molto tempo. La logica del consumo non poteva essere destinata a durare e, pertanto, da questa lezione dobbiamo imparare tutti quanti a prediligere l'*essere*, certamente non l'*avere.* Essere "persone", non numeri, non consumatori. Avere "consapevolezza", non necessità di riempire vuoti con azioni oppure oggetti. Oltre la crisi, esempi di Start Up vincenti: qui sta la rinascita delle persone, prima che di un'intera nazione. Si parte sempre dal piccolo per arrivare al grande.

Buona Vita!

Vitiana Paola Montana

RINGRAZIAMENTI

A conclusione di questo ebook vorrei ringraziare, per la disponibilità, la professionalità e la cortesia, coloro che hanno reso possibile la sua stesura e contribuito, così, a diffondere informazioni importanti per i lettori. Nell'ordine sono:

- Dott. Andrea Lombardi- Titolare di Red Carpet Firenze;
- Dott. Francesco Nicastri- Titolare Nartist- Gioia del Colle (BA) e il Direttore Commerciale Dott. Luigi di Lorenzo;
- Il co-fondatore di Multiverso.biz in Firenze Omar Raschid;
- Bonaventura Di Bello, il titolare di Web Revolution© in Firenze.

Un grazie sincero per avermi dato la possibilità di raccontare i loro sforzi, l'entusiasmo, la creatività e la determinazione nel realizzare le loro idee imprenditoriali; abbiamo tutti bisogno di questi esempi, della loro testimonianza per essere riusciti nei loro progetti. Andare "oltre la crisi" è possibile.

Buona Vita!

Vitiana Paola Montana

www.ingramcontent.com/pod-product-compliance
Ingram Content Group UK Ltd.
Pitfield, Milton Keynes, MK11 3LW, UK
UKHW022016190726
13853UKWH00005B/1958

9 788861 746572